STUFENGESANG

Erzählung

Peter Heinl

STUFENGESANG

Erzählung

THINKAEON

ISBN 978-0-9935802-7-7

www.thinkclinic.com

drpheinl@btinternet.com

Twitter: @DrPeterHeinl und @Thinkclinic

Facebook: peter.thinkclinic und thinkclinic

LinkedIn: Peter Heinl

Xing: Peter Heinl

Gestaltung und Umsetzung: uwe kohlhammer

Umschlagabbildung: Peter Mittmann

Marianne

in dankbarer Erinnerung

gewidmet

M'illumino

D'immenso

Giuseppe Ungaretti

Ich erleuchte mich durch Unermessliches

Ingeborg Bachmann, Übersetzerin

INHALT

I

„Ich gehe an den See" oder „ich möchte an den See gehen"

oder „ich werde an den See gehen" mochte er damals gesagt

haben, obgleich es wie ein Jetzt klang, als er sich viele Jahre

später an den Schreibtisch setzte, um darüber zu schreiben.

Vielleicht hatte er damals auch nichts gesagt, auch nicht der

älteren Frau, die das Attribut Tante trug und bei der er diese

fernen Sommertage verbracht hatte.

Vielleicht hatte er ihr es doch gesagt. Er wusste es nicht

mehr mit Bestimmtheit. Wie sollte er es auch in Erinnerung

behalten haben? Ein Protokoll hatte er damals nicht geführt

und seitdem waren so viele Jahre vergangen. Er wusste

damals nicht einmal, was ein Protokoll ist, und auch nicht,

wie man das Wort Protokoll buchstabiert. Er konnte wohl auch noch nicht lesen, obgleich dies nicht sicher ist, da er nicht mehr genau wusste, wann es gewesen war, dass er diesen Satz, diesen kleinen, belanglosen Satz ausgesprochen hatte, eine Ankündigung, als mache er sich auf eine Reise, obgleich dieser See so nah und in scheinbar greifbarer Sichtweite lag.

Diese Frau war seine Tante, wenn er auch noch gar nicht wirklich verstand, was eine Tante war, außer dass sie mit ihm verwandt und die Schwester eines Elternteils war. Aber was war eine Verwandtschaft? War es ein Maß an Sich-Mögen und Gern-Haben oder ein liebenswürdiges Angebot, da sie ihm gesagt hatte, er könne auch diesen Sommer wieder zu ihr kommen, um die Sommertage bei ihr in den kleinen Räumen zu verbringen, hoch über dem See, der in Sichtweite, aber nicht Reichweite vor ihm, oder genauer gesagt, unter ihm und somit beinahe ihm zu Füßen lag?

Oder war der Grund der Verwandtschaft der, dass die Tante ihm ein belegtes Brot mitgeben würde, eine Scheibe von dem Vollkornbrot, das sie am gestrigen Tag beim Bäcker besorgt und die sie dünn mit Butter bestrichen hatte, denn dick mit Butter bestrichene Brotscheiben mochte er nicht, weil ihm gelbliches Fett im Mund unangenehm war. Sie gab ihm jedoch mehr als die nur leicht mit Butter bestrichene Scheibe mit. Einen Würfel Käse hatte sie ebenfalls in feine Scheiben geschnitten. Und danach eine frische, rote Tomate sorgfältig, um ihre zarte Haut nicht zu verletzen, gewaschen, abgetrocknet, auf ein Holzbrett gelegt, wie eine Gabel mit ihrer linken Hand festgehalten, um sie mit einem scharfen Messer, das sie vorsichtig in der rechten Hand hielt, in dünne Scheiben zu schneiden, wobei das Messer wie ein Vogel unter einer Brücke unter der linken Hand hin- und herflog und sie aufpasste, dass ihr die Tomate nicht aus der linken Hand rutschte oder glitschte, wie sie sagte, denn sie gebrauchte manches Mal Worte, die wie verlorene Blätter von einem fernen Land angeweht waren. Aber er konnte sich vorstellen, was glitschen bedeutete, da dieses Wort wie das Geräusch klang, wenn die Tomate in Scheiben auf das Schneidbrett glitt, weil der Druck der linken Hand auf die Tomate, die jetzt keine unversehrte, pralle Tomate mehr war, sondern nur noch eine Serie von Scheiben, zu groß war und sie auseinander quetschte.

Dann lagen die Scheiben, der aus ihnen quellende Saft und die weißlich schimmernden Kerne auf dem matten Holzbrett und die Tante würde leicht den Kopf schütteln, weil sie nicht geschickter und achtsamer gewesen war, und würde sich dann mit noch größerer Behutsamkeit den noch nicht zerschnittenen Tomatenteil vornehmen, um ihn nach Möglichkeit noch weiter in Scheiben zu zerkleinern, denn sie wusste, dass er, der da vor ihr stand und auch ihr Verwandter, ihr kleiner Verwandter, das heißt, einer ihrer kleinen

Verwandten war, die Tomatenscheiben mit Vorliebe dünn geschnitten haben wollte, da sonst das belegte Brot zu groß werden, nicht in seinen kleinen Mund passen, ihm beim Hineinbeißen aus dem Mund glitschen und auf den Boden fallen würde. Dann wäre es zu schmutzig zum Essen und Essen war nicht zum Wegwerfen. Das sagte die Tante nie, aber er spürte es. Essen war zum Leben und so würde die Tante, die selbst dünn war, die bebutterte Scheibe Brot erst mit einer Scheibe Käse belegen und darauf sorgsam die Tomatenscheiben schichten, in einfacher oder sogar doppelter Lage. Dann würde sie, soweit er sich erinnern konnte, noch einen hellen Zwiebelring über die Tomatenscheiben legen, und zwar so, dass er nicht verrutschte, und noch ein Gewürz darüber streuen.

Auch dies würde sie so behutsam tun, dass ihr nicht der Gewürzstreuer aus der Hand fiel und die Gewürzkörner wie dunkle Schneeflocken über dem flüssigen Rot der Tomatenscheiben und dem blonden Gelb des Käsestücks schimmerten, und ihm dann sagen, dass das Brot jetzt zubereitet sei. Er könne es zum See mitnehmen und dann dort essen, wenn er hungrig würde. Er spürte, dass sie ihn versorgt wissen wollte für den Fall, dass er Hunger bekäme – wobei Hunger so schwer in Worte zu fassen war. So fern und so nah Hunger auch war und was auch immer Hunger war, sie wünschte ihm gewiss nicht, dass er sich hungrig fühlte, obgleich der See so nah war und er in kurzer Zeit wieder zurückkommen konnte.

Die Tante wusste, es sei besser, er habe das Brot bei sich. Wenn er nur eine Ahnung von Hunger verspüre, könne er in das kräftige Brot und das rote Tomatenfleisch beißen, denn sie nannte das Innere der Tomate Fleisch, vielleicht weil es so rot wie Fleisch war, und dann würde sich auch die Hungerwolke, oder die Hungerahnungswolke, so schnell wieder verziehen, wie sie gekommen war. Die Tante wollte nicht, dass er an diesem Sommertag, wo er an den See gehen wollte,

Hungerahnungen bekäme. Sie wollte wohl auch nicht, dass

er je in seinem Leben einmal würde Hunger erleiden müssen,

ohne dass sie dies direkt in Worten ausdrückte. Aber das

Tomatenbrot – oder war es als ein Käsebrot zu bezeichnen

oder als ein Vollkornbrot oder als ein mit Käse und Tomate

belegtes und mit einer Zwiebel verziertes und schwarzem

Gewürzschnee angereichertes Vollkornbrot –, wie auch

immer es hätte benannt werden können, es war wie eine

voll beladene Fähre, die ihn durch den See der Stunden fah-

ren würde, ohne sich hungrig zu fühlen und daran denken

zu müssen, wie schön es wäre, jetzt in eine Scheibe Brot zu

beißen.

Sie hätte die Scheibe Brot nicht einpacken müssen, aber

es war klüger, weil sie nicht beschmutzt würde, wenn er sie

aus Versehen fallen ließe und der Käse und die so schön

arrangierten Tomatenscheiben kopfüber auf die Erde fallen

und der Zwiebelring von vielen, kleinen Staubkörnchen über-

sät würde. Dann würde das Brot schmutzig sein, nicht mehr

schmecken, zwischen den Zähnen knirschen und den schö-

nen, saftigen Geschmack und den Genuss verlieren, wenn

das Brot und das zerfließende Tomatenfleisch und die gelbe,

wachsige Masse des Käses im Hauch des Gewürzschnees

langsam und in einer Verschmelzung an Wohlbefinden in

tiefere Zonen sinkend sich dem Bewusstsein entziehen, so

wie Wasser nach einem Regenfall im Erdreich versickert und

von den begehrenden Wurzeln aufgesogen wird, um dem

Oberirdischen neue Kraft zuzuführen.

So war es umsichtig, dass sie das Brot geschickt einwi-

ckelte, aber nicht mit Zeitungspapier, nicht nur, weil sie ohne-

hin nur selten die Zeitung las, denn dies würde am Lauf ihres

Lebens auch nicht viel geändert haben, wenn sie die Zeitung

gelesen hätte, sondern weil Zeitungen für das Anfeuern des

kleinen Holzöfchens gut waren, und auch, weil sie es nicht

mochte, wenn der Tomatensaft die schwarze Schrift der Zeitung aufweichte und in dunkle Flecken verschmelzen ließ.

Brot war zudem zu kostbar, als dass sie es in Zeitungspapier eingewickelt hätte. Das sagte sie nicht, vielleicht, weil es ihr näher lag als anderen Menschen, für die es sich so gefügt hatte, dass Brot eine Selbstverständlichkeit war. Für sie, die Tante, war Brot immer wieder neu, so wie für die Kamele Wasser immer wieder neu ist, dachte er sich vielleicht, obwohl er noch nie in der Wüste gewesen war und nur von diesen merkwürdigen Tieren gehört hatte, die ihren Brot- und Wasserbeutel auf dem Rücken trugen, bis er leer war, und dann würden sie nicht mehr weiterleben können.

Die Tante griff, wie sie es immer tat, nach dem Brotpapier, ein Papier, das, eigens für das Einwickeln des Brotes gedacht, fester und durchschimmender als gewöhnliches Papier war. Es war ein besonderes Papier, das sie immer wieder benutzte, wie ein Taschentuch zusammenfaltete und dann wieder aufs Neue umsichtig auffaltete, um eine neue Scheibe Brot einzuwickeln. Er wusste so, dass Brotpapier nicht zum Wegwerfen war, wie auch Brot nicht zum Wegwerfen war, und dass er das Brotpapier wieder zurückbringen würde, damit es die Tante erneut falten und auf das Regal legen würde, wo es darauf wartete, am nächsten Tag eine neue Scheibe Brot mitsamt der Aufbauten einzuhüllen, ganz still, denn das Brotpapier bestand nur aus einer leeren, milchig schimmernden Fläche und erfüllte nur seinen Zweck als Brotpapier.

Ohne das Brot wäre das Brotpapier sinnlos gewesen, so wie weiße Papierbögen wenig Sinn in sich tragen, solange sie nicht mit Worten oder Bildern beschenkt sind. Die Tante würde ihm dann das sorgfältig eingewickelte Brot in die Hand geben. Er wusste, was in der Brotpapierhülle war, denn er hatte zugesehen, wie die Tante ihr Werk erarbeitet hatte – im Grunde genommen ein kleines Bauwerk, das sie vor seinen Augen aufgebaut hatte. Es hätte auch sein können, dass sie vor seinen Augen ein Segelboot schnitzte und die weißen Segel sorgsam festnähte oder dass sie einen Kürbiskopf ausschälte, mit Schlitzen für die Augen, den Mund und die Ohren, um darin eine Kerze zu fixieren, die in der Dunkelheit wie ein sprachloser Lampion scheinen würde oder wie der ferne Mond.

Es war erstaunlich, was sie aus dem Laib Brot, der roten kugelförmigen Tomate, dem Käsewürfel, der die Augen zu Tränen rührenden Zwiebel und den Gewürzflocken geschaffen hatte, dass es beinahe schade war, dieses Werk im Brotpapier zu verhüllen und gar später, wenn der Hunger kommen würde, zu essen. Es wäre zu schade gewesen, das geschnitzte Segelboot zu verbrennen oder den Kürbismond achtlos in den See zu werfen. Es war wirklich schade, ein so kleines Bauwerk, das die Tante, ohne auf die Zeit zu achten, aufgebaut hatte, dem Hunger zu opfern.

Er sagte ihr danke, weil sie ihm das Brot mit so viel Zuwendung zubereitet hatte und weil es so gut schmeckte und nur manchmal nicht schmeckte, wenn die Butter am Rand zu dick geraten war und der Käse in der später aufkommenden Hitze auf einer gelblich-ranzigen Schicht schwamm. Meist jedoch schmeckte das Brot und vor allem, wenn der Appetit gekommen war, ohne dass es Hunger war.

Er sagte danke, weil er dann zum See gehen konnte und weil es schöner war, zum See zu gehen, ohne zu früh wegen eines Brotes zurückkommen zu müssen. Aber damals konnte er noch nicht wirklich begreifen, dass die Tante ein besonderes Bauwerk geschaffen hatte, und als er es begriffen hatte, war schon zu viel Zeit verronnen, sodass es zu spät war, es ihr zu sagen.

Aber vielleicht hätte sie es auch nicht so recht verstanden, was er, ihr kleiner Verwandter, gemeint hätte, hätte er ihr gesagt, dass sie für ihn ein Brotwerk geschaffen hatte, beinahe ein Brotkunstwerk. Vielleicht hätte sie es wirklich nicht verstanden, denn Brot war zum Überleben gedacht. Aber so, wie sie es zubereitet hatte, dass es auch schmeckte, mit feinen, sachte verstreuten Gewürzen, war es auf eine Art kunstvoll. Denn meist ist das Leben grob und die Linie zwischen dem Überleben und dem Leben so fein wie der Horizont zwischen dem See und dem Himmel. Aber da hatte sie ihm schon das Brot im Brotpapier gegeben oder zugesteckt, wie sie es nannte.

Vielleicht hätte er noch sagen können, wann er wieder zurückkommen würde, aber der See war so nah und natürlich war er tief, auch wenn er flach und unschuldig aussah, außer wenn er stürmisch war und der Wind die Wellen weiß in den Schaum trieb. Aber es würde ihm wohl heute nichts zustoßen und so würde sie vielleicht gesagt haben, er solle gut aufpassen. Er wusste wahrscheinlich gar nicht so genau, was sie damit meinte, außer dass sie es sagte, weil sie wusste, wie kostbar das Leben und wie wichtig es ist, das Stück Brot nicht zu verlieren.

Weil der See so nah war, sagte er wohl nicht Auf Wiedersehen, denn so nah war der See, dass er im Grunde nicht fortging, auch wenn er fortging. Vielleicht war es, als würde die Tante mitgehen. Vielleicht ging sie wie die Scheibe Brot, die sie ihm zugesteckt hatte, mit ihm mit. Vielleicht hatte sie sich ihm auch selbst ein bisschen zugesteckt, obwohl sie nicht mit zum See gehen würde, denn er hatte gesagt, er ginge allein, denn so groß war er schon, obwohl er kaum wirklich groß war. Außerdem hatte die Tante Dinge zu erledigen, musste aufräumen, das Essen vorbereiten, die Betten machen, die Kissen ausklopfen und über den Einkauf nachdenken, denn der kleine Kolonialwarenladen war eine längere Wegstrecke entfernt.

Außerdem musste sie auch darüber nachdenken, wie sie mit dem Haushaltsgeld zurechtkam. Aber darüber, dass die Geldscheine dünn waren, sprach sie nie. Sie wollte es auch nicht durchblicken lassen. Er sah auch nie Geldscheine bei ihr herumliegen, weil Geld wohl nur eine Angelegenheit für die großen Leute war, insbesondere, wenn es wenig war. Vielleicht dachte sie auch, dass sie so wenig wie möglich über das wenige Geld nachdenken wollte und, wenn sie es doch täte, dann wollte sie es allein tun. Zudem war es gut, dass sie so nah am Wald wohnte, mit Holz feuern konnte und die Ausgaben für Kohle oder Elektrizität sparte. Außerdem hatte sie noch die Zeiten gekannt, wo es keine elektrischen Glühbirnen gab und die Geldscheine immer zweimal umgedreht wurden, bevor man sie aus der Hand gab, wie es überhaupt wichtig war, Dinge in der Hand zu halten, um sie zu begreifen. Sie hatte die Zeiten gekannt, wo die Zeit noch wie ein langsamer Strom dahinfloss, so kaum merklich langsam, dass die Erinnerung den Segeln des eigenen Lebensschiffchens zu folgen vermochte.

So würde sie, hätte sie heute gelebt, ihren Haushalt, in dem es nur zwei Räume gab, in vielleicht zehn Minuten erledigt haben können. Aber damals spielte es keine Rolle, wie schnell sie den Haushalt machte. Es war nur wichtig, dass der Haushalt gemacht war, bevor er, ihr kleiner Verwandter, wieder vom See zurückkam. Denn dann wollte sie die Haushaltsangelegenheiten beendet haben. Es hatte keinen Sinn, sich jetzt zu beeilen, den Haushalt schneller zu machen, denn es hätte ohnehin nicht viel geändert. Sie hätte nur länger an dem kleinen Küchentisch mit dem Blick auf eine halbe Buchenkrone gesessen. Ihr Leben wäre auch nicht schneller vorübergezogen. Der Postbote wäre auch nicht schneller gekommen und auf ihren Mann, auf den sie schon so lang gewartet hatte, brauchte sie auch nicht mehr zu warten, denn jetzt war er tot.

So würde sie, wenn sie ihren Haushalt doch schneller gemacht hatte, als sie es gedacht hatte, falls sie jemals über eine solche Planung nachgedacht hätte, vielleicht an ihrem kleinen Küchentisch sitzen und denken, wie es dem kleinen Verwandten am See ginge, ob es ihm Spaß machte, ob er schon das Brot aus dem Brotpapier ausgewickelt hätte, ob die Tomatenscheiben auch nicht ins Wasser gefallen und von einem Karpfen, die manchmal vorbeischwammen, aufgeschnappt worden wären, und überhaupt, ob noch alles dort unten am See, der so nah und in einem unschuldigen Blau versunken lag, in Ordnung war.

Aber da hatte er schon das Stück Brot, das sie ihm zugesteckt hatte, in die Hand genommen und war die Holztreppe heruntergegangen – Stiege nannte sie es und nicht Treppe, die von dem oberen Zimmer zum Erdgeschoss führte – und

war den Steinflur entlanggegangen, bemüht, beim Gehen

möglichst keine Geräusche zu erzeugen und auch nicht ste-

henzubleiben und nicht in fremde Zimmer zu sehen, denn es

hätte neugierig ausgesehen.

Es war überhaupt eine besondere Zuvorkommenheit sei-

tens der Hausbesitzer gewesen, dass er hatte kommen dür-

fen, denn Kinder sollten möglichst wenig auffallen, und so

ging er dann über den Steinflur geradeaus ins Freie und noch

ein paar Schritte, ohne links oder rechts zu sehen. Nach vorn

durfte er sehen und nach vorn konnte er sehen und da hatte

er schon den hohen Türrahmen passiert, weil die Tür im

Sommer meist offenstand.

Noch während er im Türrahmen stand, war es ihm, als

streifte er das weder Rechts- noch Links-sehen-Dürfen ab

und als sähe er nur einem Vorn entgegen, und dieses Vorn

war eine kleine Wiese, ganz von hohen Bäumen umstanden, deren blätterne Saiten friedlich in der Harfe des Windhauchs und des Lichts klangen. Es gab so viele Nuancen an Wind, bis hin zu den aufjauchzenden Stürmen, die manchmal den ruhigen, blauen Spiegel des Sees in ein türmendes, wütendes Weiß aufpeitschten.

Doch jetzt standen die Bäume ganz im Frieden ihrer selbst wie Rosen, die sich an einem Tor hochziehen und nichts anderes wollen, als in ihrem duftenden Schimmer dem Licht entgegen zu blühen, und so war es, als er die Schritte aus dem Türrahmen in das Grün und das Schattenspiel der Bäume lenkte, als wollten ihn die Bäume schon jetzt verlocken, nicht weiterzugehen, sondern sich an einem der Stämme niederzusetzen, um zu warten, bis der Appetit kam, dann das Butterbrotpapier aufzufalten und vorsichtig das Brot in die rechte Hand zu nehmen – denn er war Rechtshänder, ohne zu wissen, dass es zwei Arten von Menschen, nämlich Rechtshänder und Linkshänder, gab – und langsam das Stück Brot zu essen oder vielleicht nur einen Teil davon.

Es wäre verlockend schön gewesen, so still vor dem Haus sitzenzubleiben, aber es wäre für die Menschen, die im Erdgeschoss wohnten, wohl eine Zumutung gewesen. Vielleicht wäre man dann auf ihn zugekommen und hätte ihn gefragt, warum er nicht zum See ginge oder am Ufer entlang. Vielleicht hatte er nur gedacht, dass jemand auf ihn zukommen würde und ihn anweisen würde, das Brotpapier nicht unter den Bäumen liegen zu lassen – es war so schwer zu sagen, was hätte geschehen können.

Der Friede, den die Bäume versprachen, war so zart wie dünnes Papier und er hätte gewiss den Bäumen geglaubt, wären sie allein ohne den Steinflur und das Erdgeschoss des Hauses gewesen. Aber vielleicht wollte er wirklich nur zum See gehen, weil es wollte, ohne zu wissen, warum er es wollte. Vielleicht wollte er sich noch weiter vom Türrahmen

entfernen oder vielleicht kamen ihm in diesem Moment keine

Gedanken. Vielleicht waren es nur seine kleinen Schritte, die

kleinen Beine und die kleinen Füße, die schon weit gegan-

gen waren, obwohl er doch in Wirklichkeit noch so klein war,

die seine Gedanken leiteten – oder was auch immer es war,

denn er wusste nicht, dass er dachte, oder dass das, was er

dachte, vielleicht Gedanken waren – und zum See tragen

wollten, die ihn nun einige Schritte nach links gehen ließen,

entlang des grauen Verputzes des Hauses, das jetzt um diese

Zeit im Schatten lag, und dann an der scharfen Kante, wo das

Licht in den Schatten schnitt, wo sich ihm der Blick auf den

blauen See öffnete, der so glockenhaft blau wie eine große,

ihn erwartende Verlockung vor ihm, beinahe zu Füßen, lag

und ihn erwartete.

Es würde nicht mehr lang dauern und dann würde er am

See stehen. Vor ihm lagen nur noch die vielen Stufen oder

die lange Stiege, wie die Tante es nannte. Denn der Weg zum Ufer war steil und man hatte eine lange Treppe gebaut, für große Schuhe und große Beine. So sah er vor sich die Treppe, die sich tief nach unten erstreckte, wo das Ufer durch grünes Geäst lächelte.

Er nahm seine in schimmerndes Brotpapier eingewickelte Scheibe Brot mit all den Aufbauten fester in die Hand, denn er wollte nicht, dass es ihm aus der Hand glitschte, wie die Tante gesagt hätte, und die Scheibe Brot und das Käseviereck und die runden Tomatenscheiben die Treppe mit den vielen Stufen hinunter kullerten, um hart und nicht mehr essbar gegen einen Stein aufzuschlagen.

II

Schwarz zog sich die Treppe mit ihrer endlosen Zahl von

Stufen vor ihm in die Tiefe, als er auf sie zuging, das verlo-

ckende Raunen der hohen Bäume, die die Grenze des Wal-

des markierten, hinter sich lassend und sich in der Weite des

Blicks der ersten Stufe nähernd, als möge es ihm einem Fal-

ken gleich vergönnt sein, nicht in die Tiefe steigen zu müssen,

immer dem Sog einer nicht ruhenden Schwerkraft ausge-

setzt, sondern geradeaus in die Luft zu schweben, um dann

getragen vom sanften Arm eines Aufwinds noch höher in

das Blau der Sommerluft geweht zu werden, hoch über den

See, über das staunende Auge des Horizonts hinaus, die in

das pergament-farbene Brotpapier eingehüllte Scheibe Brot

fest in der rechten Hand haltend, um nicht Hunger leiden zu müssen, sollte ihn der Wind auf einer fernen, schilfumrandeten Insel absetzen.

Wie traumhaft schön wäre es, den Fesseln der Bodenhaftung zu entkommen, um die Herausforderung der dunklen Treppe mit den schwarzen Stufen zu umgehen, die sich zwischen ihm, der nun die Fußspitze leicht schleifend der ersten Stufe näherte, und dem in der Tiefe in der Anmut der Wellen sich wiegenden Ufer wie ein großes Hindernis, ja, Wagnis aufbaute.

So nah, so greifbar nah lag der See in seinem Blau vor ihm und doch war die Treppe in ihrer ängstigenden Steilheit nicht wegzudenken. Sie zog sich vor ihm in die Tiefe, Stufe um Stufe ihre beschwerliche, gefährliche Dimension vor seinen Augen ausbreitend, gegen die Steilheit des Hügels gepresst, mit schwarzen Holzstufen versehen, die der Regen mit tückischer Glätte bestrich und deren zurückliegender Teil

mit Kieselsteinen aufgefüllt war, als habe man die Kantigkeit

der Holzbalken durch die Steine, die bei der Berührung der

kleinen Füße mit einem schrillen Rascheln antworteten, aus-

gleichen wollen. Ansonsten war die Treppe kahl. Sie war nur

Treppe − Stiege, wie sie die Tante nannte −, schwarze Stufe

um schwarze Stufe mit hellen, dazwischen gelegten Kiesel-

bandstreifen. Ohne Geländer fiel sie steil den Hang hinab.

III

Weiß, unten, tief unten und weit entfernt hinter den Baumkronen am Ufer leuchtete ein Segel im zarten Blau des Sees. Wie zauberhaft schön wäre es gewesen, in die Lüfte zu schweben, falkengetragen, und im Türkis des Himmels, über den Baumkronen, die grün mit silbernen Schatten in den wolkenlosen Himmel lispelten, über dem Bootshaus, das am Rand des Ufers gekuschelt stand, und weit hinaus über dem See, diese aquamarinblaue, vom Wind sanft belächelte Fläche, über dem fernen weißen Segel zu kreisen mitten in dem großen See, fern von allen Uferrändern und nur im Wiegen des fließenden Sommerlichts und einer Ahnung der Tiefe des Sees, sprachlos in Dunkel gehüllt.

Wie verlockend wäre es, hier an der ersten Stufe stehen zu bleiben, die Gefieder wachsen zu lassen, die warme, duftende Sommerluft einzuatmen, bis die Federn sacht vom Wind bestrichen würden, in ihm klingen und sich von ihm tragen lassend, dem Tanz des Windes zu folgen, sich der Sanftheit seiner Hände anzuvertrauen, ohne die Angst, schwer zu fallen und hart aufzuschlagen; federleicht ins Gleiten, Wiegen und seidene Getragenwerden zu schweben und in der Rinne des Lichts dahinzufließen, im pulsierenden Auf und Ab der Flügelschläge, höher und höher und höher in die Wolken hinauf und in das Licht, ohne zu denken, ohne zu wissen, ohne Ziel, ohne Zeit, ohne Beschränkung des Raums, ohne die Fesseln der Schwerkraft, ohne die Angst vor der Rache des Fallens, ohne die Krusten blutiger Abschürfungen, ohne die Dumpfheit des Aufschlags, ohne die Taubheit eines blinden Sturzes, ohne die Benommenheit sterbender Kreise, ohne die Fallstricke der Stufen, ohne die verzweifelte

Suche der Hände nach dem Halt des Geländers, ohne den Schrecken des Stolperns, ohne die Verlorenheit, die Verlassenheit des Abgrunds.

Warum vermochte er nicht zu fliegen? Warum lag die Treppe mit den vielen schwarzen Stufen zwischen ihm und dem in der Tiefe dahinziehenden Ufer, zwischen ihm und dem märchenhaft blauen See, zwischen ihm und dem fernen, weißen Segel und den Bäumen, denen er, weil sie in der Tiefe standen, über die Kronen sehen konnte? Warum waren die Treppenstufen so schwarz, so hart und bei Regen so glitschig und überdies so unregelmäßig geschnitten?

Warum waren sie zu groß für seine kleinen Füße und warum waren es so viele Stufen und warum waren es nicht weniger Stufen und warum kam der See nicht hoch zu ihm und warum konnten die Stufen nicht zu ihm sprechen und ihm sagen, er bräuchte sich nicht zu ängstigen, sie würden

ihm heute nichts antun?

Warum kam nicht eine große Welle von unten hoch zu

ihm, um ihn auf ihrer Schaumkrone mitzunehmen? Warum

kam kein großer Vogel, ein Kranich oder ein Vogel Greif,

wie der große Greif aus einem Märchen, der aus den Lüften

zu ihm hinabschwebte, den Schnabel öffnete und ihm mit

schnatternden Lauten bedeutete, auf seinem Vogelrücken

aufzusitzen, um sich mit ihm in die Lüfte zu heben, hoch über

dem See, um zwischen dem Licht und dem Wasser, zwischen

den weißen Himmelswolken und dem weißen Segel mit ihm

zu kreisen, im Füllhorn der Sommerzeit und auch über der

fernen Insel, die der Duft von Rosen erfüllte und um die im

Wind klingendes Schilf stand, um ihn auf dem Flug mit dem

Vogel Greif die vielen, schwarzen, bedrohlichen Stufen ver-

gessen zu lassen und ihn zu beruhigen und seine Augen an

dem blauen Farbenspiel zu erfreuen, ihm das Zittern aus den

Beinen zu nehmen und ihm die Suche nach dem Geländer

aus den Händen zu streifen und so sacht durch die Luft zu

gleiten, dass er keine Angst haben müsse zu stürzen, und

ihn so weit über den See schweben zu lassen, ohne ihn zu

ängstigen, dass er untergehen würde, und ihm die Libellen

zu zeigen, die auch nicht untergingen, sondern im Lichtwind

tanzten, und ihm Schuppen von silbernen Fischen zu zeigen,

die manchmal aus der Tiefe an die Oberfläche des Sees auf-

tauchten, um Licht zu trinken, das so hell wie die Blüten von

Flieder war.

Mild war das Blau des Sees, aber es wurde dunkler

und undurchdringlicher, je weiter der Greif über den See

ziehen würde. Je tiefer die Wurzeln des Blaus reichten,

desto kälter und geheimnisvoller wurde es und es war nicht

mehr zu sehen, was es verhüllte. Es verbarg wohl auch

gesunkene Schiffe, die in unsagbarer Tiefe und in ewiger

Lichtlosigkeit dahindämmerten. Niemand wusste mehr, wo

die vergessenen Schiffsleiber und Anker lagen. Niemand dachte an sie an hellen Sommertagen. Erst, wenn der Sturm in die Mähne der Wellen griff, sie aufpeitschte und irgendwo ein verlorenes, weißes Segel im weißschäumenden Sturm gegen die jagenden Wolken kämpfte, erst dann stiegen die Ahnungen der gesunkenen Schiffsleiber aus der Tiefe auf und tanzten wie Bojen auf den Wellen der Fantasie, obgleich niemand sie wirklich zu sehen vermochte.

Dennoch waren sie da, wie so vieles da war, was nicht gesehen wurde, auch nicht, wie ihm das schöne Blau des stillen Sommertags durch die Haare strich, während die weißen Widder der Wolken am Horizont aufstiegen und der Vogel Greif immer weiter dahinglitt, als trinke er aus dem Kelch der Zeit und als flösse die Zeit in großen Strömen und als seien die dunklen Treppenstufen schon längst im Strom der Zeit ertrunken, an ferne Küsten geschwemmt worden und als gäbe es sie nicht mehr, wenn auch vielleicht noch im

Golfstrom der Erinnerung, und als spiegelte sich das düstere Schwarz der Treppe nur noch in einem mildergrauten Lächeln wider und nicht mehr so hart, heftig, aufschlagend und ohne Geländer, als habe der Wind die Stufen verweht und als seien sie nur noch eine traumhafte Wesenhaftigkeit, ein fließendes Linienspiel, das es nur jetzt gab und das es nie gegeben hätte, wenn die Tante gekommen wäre, die das Brot in Scheiben geschnitten und ein Käsetomatenzwiebelgewürzgebäude geschaffen hatte, die Tante, die er kurz zuvor gesehen hatte, als sei sie gerade gekommen und habe ihn wie ein warmer Wind aufgehoben und auf ihren Armen die Stufen, die vielen, unzähligen Stufen heruntergetragen, im Wiegen ihrer Wangen und im Wagen der Stiege, wie sie diese Treppe nannte, und vorsichtig wie der große Vogel Greif und ohne viele Worte. Sie hätte vielleicht irgendwann im Wiegen der Schritte innegehalten, um ihm einen Schmetterling zu zeigen, einen orangenen Falter, während er noch immer das Brot im Pergamentpapier in der Hand hielt und

die Augen über die Neigung des Hügels gleiten ließ und sich

das bleiche Dach des Hauses von seinem Blick entfernte und

die Wolken und der sanft-blaue Himmel sich in die Höhe

zurückzogen und der blaue See näherkam, als tauchte er

im Gleiten der fallenden Schritte auf einer Tonleiter blauer

Gesänge von einem hohen in ein tiefes Blau, von der Spitze

eines blauen, dem Wind die Stirn bietenden Turms zu des-

sen tiefen, in schwermütiges Blau versunkenen Gemächern.

Es hätte auch ein anderer Arm sein können, eine andere

Stimme, eine andere Neigung des Gesichts, die sich ihm

zuwandten, als er oben an der Treppe, an der Kante der

ersten schwarzen Stufe stand, vor sich die imaginäre Ver-

längerung der Horizontalen, die sich in die Leere der Luft

erstreckte, über sich das mildblaue Tintenmeer des Himmels

und tief unten, unweit des Endes der Stufen, das Ufer, wo

die Wellen des Sees an geschliffenen Kieseln züngelten.

Es wäre so verlockend schön gewesen, getragen zu werden, so wie er die Scheibe Butterbrot trug, achtsam, dass sie ihm nicht aus der Hand glitschte und so den Stufengang überstehen würde. Doch hätte er nicht sagen können, dass er es wirklich gewollt hätte, da er schon groß genug gewesen war, ihr, der verwandten Frau, der Tante, der Tomatenscheibenschneiderin, die auch manchmal warme Socken für ihn strickte, zu sagen, dass es vielleicht schöner wäre, wenn sie ihn auf ihren Armen die Stufen zum See trüge.

Er wollte allein gehen. Er hatte es ihr gesagt. Er hatte das Gehen gelernt und das Gehen war schon so selbstverständlich in die Rinnsale der Sprache geflossen, wie Regenwasser entlang der Stufen in die Tiefe floss und hier und dort die schwarzen Stufen unterhöhlte. Das Gehen war in die Worte gestiegen und das mühsame, kaum zu bewältigende und vergebliche Gehen, Steigen und Erklimmen von Stufen, all das lag schon hinter ihm, wie die Bilder einer Reise, die schon

lange im See des Vergessens versunken waren.

Es hatte einmal eine Zeit gegeben, als er noch nicht hatte

gehen können, als er noch nicht hatte die Beine heben kön-

nen, als er noch nicht eine Scheibe Brot mit der rechten Hand

hatte halten können, als er noch nicht den Körper aufrecht

wie einen Kerzenstiel hatte halten können, als er noch nicht

hatte sprechen können, als er noch nicht hatte danke sagen

können, als er noch nie einen See gesehen hatte, noch nie

ein weißes Segel im Windspiel dahintreiben gesehen hatte,

noch nie einen Vogel hatte kreisen gesehen, als er noch nie

das Wort „Ich", jenes magische Tor zu sich selbst, hatte

aussprechen können, als er, hätte man ihn an der obersten

Treppenstufe ausgesetzt, nach einigen Drehungen und Wen-

dungen abgestürzt wäre, in einen Strudel besinnungsloser

Fassungslosigkeit fallend und irgendwo in einem Land des

Nichtmehrseins aufschlagend, verschlagen an eine Küste des Nichts.

Die Errungenschaft des großen Satzes „ich gehe an den See" oder „ich will an den See gehen" oder „ich möchte an den See gehen" lag noch nicht lang zurück. Es war noch nicht so lang her, seit sich sein Körper über die hohen Mauern der Reglosigkeit, der Vertikallosigkeit, der Sprachlosigkeit hatte emporschwingen können.

Die Tante wusste, dass es nicht sehr lang zurückliegen konnte. Vielleicht freute sie sich, dass er jetzt schon sagen konnte „ich gehe an den See", und dass er sein Butterbrot selbst in die Hand nahm und ihr zu verstehen gab, dass er die schwarzen Stufen der Treppe allein in die Tiefe gehen würde.

Aber für ihn lag es wohl schon lang zurück, so lang, dass

er nicht darüber nachdachte und darüber auch nicht hätte

sprechen können. Vielleicht würde er auch nie darüber spre-

chen können, wie es vor nicht allzu langer Zeit gewesen

war, als alles nur ein Verschwimmen war und die Worte wie

wortlose, blaue Kelche in der Landschaft der Sprachlosigkeit

standen und selbst der Begriff der Sprachlosigkeit vielleicht

nicht das Wesen dessen traf, was er erlebte, weil Sprach-

losigkeit das Gegenteil von Sprache andeutete und er nicht

hätte sagen können, was Sprache war, bevor er sie sprach.

Wie sollte er wissen, was Zeit war, bevor er das Fortrü-

cken des Zeigers auf der Uhr der Monde und Sterne erken-

nen konnte? Wie hätte ihm die Tante erklären können, dass

die Überwindung der Distanz zum Gebrauch der Arme und

Beine und die Geborgenheit in der Muschel der Wiege erst

wenige Sommer zurücklag, wenn ihn die Wellen des Gesche-

hens so schnell und vehement vorangetragen hatten, dass

das stumme Schaukeln wortloser Wortblüten im Wind der Sprachlosigkeit schon in weiter Ferne lag?

Es hatte einmal eine Zeit gegeben, in der die Schwerkraft auf ihn, als er in den Armen einer Wiege geborgen war, kaum eine Macht auszuüben schien; eine Zeit, in der er seinen Körper im jetzigen Sinn auch nicht hatte begreifen können. Aber jetzt schwebte die Schwerkraft wie ein drohendes Raunen neben den schwarzen, unzählbaren Stufen der geländerlosen Treppe. Jetzt war er schon groß, obgleich er noch klein war, und jetzt würde die Schwerkraft kein Erbarmen mehr mit ihm haben.

IV

Die Stufen der langen, in die Tiefe führenden Treppe verschwanden nicht. Sie lösten sich nicht in der Erdfarbe des Hügels auf. Es kam kein Vogel Greif, der ihn auf seinen Schwingen über die Schwärze der Stufen gehoben hätte. Es kamen keine weichen, rosigen Arme, die ihn sicher die Treppe hinuntergetragen hätten.

Er stand und er stand allein und dieses Alleinsein war ein Zustand, in dem kein anderes menschliches Wesen, niemand anders da war, auch wenn die Tupfer anderer Menschen auf der Landschaft des Bewusstseins wie Flecken ferner Felder aufleuchteten. Aber jetzt war niemand bei ihm. Niemand war greifbar, auch keine große, warme Hand, kein

Arm, keine Schulter, kein duftendes Haar, kein stetiger, im Fluss des Hinuntersteigens der Stufen hingleitender Atem.

Er war allein und sein Ich schwamm in einem Interregnum zwischen dem Blau des Himmels und dem Blau des tief unten liegenden Sees, umgeben von dem Duft der Sträucher, die der Steigung trotzend links am Abhang wuchsen, und dem kratzigen Gebüsch, das rechterhand den Hang begleitete statt eines Geländers, angeregt von dem rhythmischen Schaukeln der Wellen, die unten gegen das Bootshaus schlugen, aber deren Geräusch bis hier oben, wo er stand, an seine Ohren schwappte und seinen Wunsch nährte, die schwarzen Stufen schon überwunden zu haben, diese Klippe der dunklen Kanten, diese Barrikaden der Angst.

Es war, als schwämme sein Ich in diesem Augenblick, in dem die Farben, die Weite des Blaus und die Atemlosigkeit des Lichts in sein Inneres drangen, wie die Wellen des Sees an das Ufer kamen, über die Kieselsteine zogen, sie mit ihren Wasserzungen benetzten, verklangen, um immer wieder in neuen Formen aufzuerstehen. So stand er im Erleben dieses Alleinseins. Niemand stand neben ihm. Vor ihm lag nur die in die Tiefe fallende Treppe.

Und doch schwebte er, während seine Fußspitze die erste Stufe berührte, im Lächeln des Lichts tanzender goldener Falter und ferner Ahnungen, die in den Satz „ich gehe an den See" eingehüllt waren wie das Brot in das milchig schimmernde Pergamentpapier.

Schräg hinter ihm lag das Haus. Es drangen keine Geräusche daraus. Vielleicht schlief man noch im Erdgeschoss oder man machte sich schon in der Küche zu schaffen, deren Fenster sich zur entgegengesetzten Seite öffneten, oder man war schon früh in die Stadt aufgebrochen, die aus heutiger Sicht schnell zu erreichen wäre, aber in den langsamen

Schritten der damaligen Zeit weit und somit eine Tagesreise entfernt lag, sodass die Begriffe des In-die-Stadt-Fahrens und der Reise in der Schale eines Wortes verschwammen und nicht mehr trennbar waren, wie auch Wolken und Himmel oder Wolken und Himmel und See oder Wolken und Himmel und Licht und See letztlich nicht immer trennbar waren, und so vermischte sich mit dem Begriff der Stufen dieser Treppe auch die Angst, jene schwer fassbare Angst, oben an der obersten Stufe zu stehen und in den Krater der von der Schwerkraft beherrschten Tiefe zu sehen, die mit ihrem Sog die kleinen Beine, die Arme, das belegte Brot, den ganzen, wenn auch kleinen, so doch schon so weitgereisten Körper nach unten in einen dunklen Trichter ziehen könnte; eine Angst, die die Augen nach einem Halt versprechenden Geländer suchen ließ.

Aber es gab kein Geländer. Denn rechts, da, wo sich die kratzige Hecke an den Hang klammerte, war kein Geländer und die spießig abgeschnittenen Äste boten keinen Halt. Auch auf der linken Seite gab es kein Geländer, sondern nur den freien, von weißen Sträuchern verwilderten Abhang. Auch die Tante war fort. Sie musste irgendwo in dem Haus sein. Sie war in Rufweite, aber auch seltsam unerreichbar, so wie Wolken, so nah sie auch erscheinen mögen, doch unerreichbar dahinziehen.

Was hätte er ihr, der Tante, auch sagen können? Es war nichts passiert. Gewiss war gar nichts passiert. Die Tante hatte ihm das Brotbauwerk zugesteckt und er hatte es vorsichtig in die Hand genommen, in seine Hand, in seine rechte Hand. Dann war er leise die Holztreppe im Haus hinuntergegangen und hatte die linke Hand vorsichtig wie ein sachtes Tuch über das Treppengeländer gleiten lassen, nicht aus Angst zu stürzen, sondern eher aus einem Gefühl der Vorsicht, dass, falls die Beine aus dem Gleichgewicht gerieten, er mit den Händen Halt finden könne.

Dann war er den Steinflur entlang gegangen, dessen Kühle er immer, auch an heißen Sommertagen, durch die Sohle der Sandalen aufsteigen spürte, und war in das Grün der Lichtung mit ihrem versunkenen Schattenspiel getreten. Trotz der Verlockung der Bäume war er weitergegangen und hatte sich der Herausforderung der ersten Stufe der schwarzen Treppe genähert, weil hinter ihr die List der Schwerkraft lauerte.

Aber wie hätte er jemals ohne die Treppe mit ihren zahllosen, schwarzen Stufen den See erreichen können, wenn es die Treppe nicht gegeben hätte und nur das Haus hoch oben und weit unten das Ufer des Sees?

Hier stand er nun vor der langen Stufentreppe. Die Zeit, die nur wenige Schritte benötigt hatte, um ihn von der tomatenschneidenden Tante bis hierher zu begleiten, stand neben ihm. Aber die Zeit rührte sich nicht. Sie tropfte ihm Angst in den Körper und ließ in der Seele riesige, turmhohe Wolken aufziehen, wo sich doch vor seinen Augen der Himmel in friedlichem Blau wiegte und nur hier und da mit Schafwölkchen spielte.

Sie ließ den kleinen Körper verspannen und die rechte Hand sich noch stärker an das Pergamentpapier klammern, als könnte die Brotscheibe einen sicheren Halt bieten, und ließ auch die linke Hand sich zusammenziehen und die unsichtbaren Fäden, die die Augen mit den Körperenden verknüpften, noch stärker anspannen. Denn gingen die Fußspitzen zu sehr ihren eigenen Weg und nähmen sie keine Rücksicht auf den Rest des Körpers, würde alles aus dem Gleichgewicht geraten. Ohne Geländer, ohne Tante und ohne einen Vogel Greif würde der kleine Körper hinweg gerissen. Es würde so schnell geschehen. Die Schwerkraft würde hämisch grinsen, wenn ein Bündel an Armen und Beinen und Kopf und Rumpf ausrutschte, sich in die Luft bohrte, bevor es irgendwo aufschlagen und in Besinnungslosigkeit

ertrinken, vielleicht noch einige Stufen weiter fallen würde

oder noch viele Stufen, um wie ein aufprallender Stein wie-

der in die Luft geschleudert werden, nach jedem Aufprall

noch höher und noch über die letzte Stufe der Treppe hin-

aus, bis in den See hinein und nach dem Aufprall im Wasser

wie ein flacher Stein wieder in die Luft geschleudert wer-

den, immer wieder aufs Neue, immer höher, immer weiter,

immer besinnungsloser und immer mit neuen Schmerzen, in

einem besinnungslosen Meer von Schmerzen, bis über den

Horizont hinaus, bis an den Rand der Welt und dann über

neue Stufen hinab, tiefer, dunkler, nicht in das Gewand des

Sommers gehüllt, nein, kalt oder heiß oder furchtbar und

vielleicht geradezu in den Rachen der Hölle.

Die in das Pergamentpapier eingewickelte Brotscheibe

würde er schon längst verloren haben. Alle Worte würden

schon wie klingende Münzen aus seinen Sinnen gefallen

sein. Der Satz „ich gehe an den See" würde schon längst zermahlen sein.

Aber er stand noch da. Die Zeit stand neben ihm. Nichts war ihm widerfahren. Gewiss würde auch die Tante, wenn sie zugegen wäre, sagen, dass nichts passiert sei, denn er war vorhin auch die Holztreppe in ihrem Haus heruntergestiegen und es war gut gegangen. Man stürbe auch nicht vom Treppensteigen. Die Stufen täten niemandem etwas zu Leide. Sie seien zwar ein bisschen hoch, aber er würde schon aufpassen, würde sie sagen. Eine kleine Schramme würde vergehen, aber es würde ohnehin nichts geschehen und es wäre gut, jetzt bald zum See zu gehen, der so nah lag. Das weiße Segelboot schien noch am gleichen Fleck zu stehen, vom Wind gebläht und doch anscheinend in das Blau des Sees genagelt, als hielte es die Zeit an einem Seil fest.

Sein Körper war gespannt. Er spürte seine Füße und

Arme näherkommen bis in die Spitzen der Zehen und

Finger. Er spürte, wie sich sein Blick senkte, als ginge er im

Kerzenschein eines Lampions und könne es nicht wagen,

auch gleichzeitig die Sterne zu beobachten oder das Haus,

dessen Umrisse nur wenige Schritte hinter ihm lagen,

oder sich nach der Tante umzusehen, die im ersten Stock

unter den Deckenbalken auf einem Stuhl saß und vielleicht

Karotten schnipselte, oder sich nach den Bäumen, die in

seinem Rücken lagen, umzudrehen.

All dies schien sich in den Hintergrund zurückzuziehen.

Die Tante verhüllte ein ferner Mantel. Der Himmel, der so

blau auf ihn herabsah, und der See, dessen blauer Schal

anmutig im Wind flatterte, die Sträucher, die links am Hang

in weißem Blütenschnee lächelten, die orangenen und pur-

purnen Falter, die im Licht tanzten, das Rascheln der Wel-

len am Ufer, sie alle traten einen Schritt zurück, als stünden auch sie an dunklen Stufen, die in eine große Tiefe führten, und wagten es nicht, ihn, dessen Blick auf die Stufen eingegrenzt war, in die Ferne zu locken.

Kaum dass er aus dem Haus kommend in die Öffnung des Lichts, der hohen Bäume, in das Blau des Himmels und des Sees getreten war, sah er, wie ihm eine fremde Macht den Vorhang der Welt wieder zuzog, bis auf einen kleinen Ausschnitt, und dies war außer der ersten Stufe, die er gerade mit seiner rechten Fußspitze, das heißt der Spitze seiner Sandale betreten hatte, das Wagnis der zweiten Stufe und das Wahrnehmen der Geländerlosigkeit auf beiden Seiten.

Das Haus, die Tante in einem nahen, doch entfremdeten Hintergund, der Himmel erstarrt, der See in der Verhüllung des noch unerreichten Ziels gefangen, sah er vor sich die erste Stufe und dann am Blickrand die zweite. Danach würden noch weitere Stufen kommen, eine Kette von Stufen, jedes eine Stufe, doch jede Stufe eine neue und andere Stufe.

Jede bewältigte Stufe würde eine Erleichterung sein, doch

jede neue Stufe ein neues Wagnis. Jede Stufe würde ihn ein

Stückchen weiter vom Haus und der im Haus schwebenden

Tante entfernen und doch näher an den See bringen.

Er sah nur die erste Stufe und die zweite Stufe. Zwar würden noch all die anderen Stufen kommen, doch war immer eine Stufe im Blickfeld. Dann erschien noch eine. Es spielte keine Rolle, hätte man ihm gesagt, es seien zehn oder zwanzig Stufen oder hundert oder tausend, genauso wenig wie es für ihn ohne Bedeutung war, ob er drei oder vier oder sechs Jahre alt war oder ob er später einmal vierzig Jahre alt sein würde oder achtzig. Es war eine Stufe und noch eine und das war alles, was er im Grunde begreifen konnte. Er würde nur zum See kommen, er, einer, der einen Namen hatte, der wie ein Fähnchen oder ein Segel im See des Nichtbegreifenkönnens flatterte, wenn er eine Stufe nach der anderen gegangen oder hinuntergestiegen war, mit seinen Füßen, seinen Beinen, seinem Rumpf, seinen Armen, seinen Händen, seinem Kopf, seinen Augen, seinen Ohren, seiner Nase, auch mit seiner Hose, seinen Sandalen und möglichst auch mit der Scheibe Brot, dem Käse, den Tomatenscheiben, dem Zwiebelring und dem einhüllenden Pergamentpapier, immer eine Stufe nach der anderen.

Die Angst hielt den Atem an.

V

Schon gleich, im nächsten Augenblick, im nächsten Lid-

schlag der Zeit, würde der Körper, der linke Fuß zuerst, sich

nach links neigen, wie sich der Mast eines Segelschiffs im

Wiegen der Wellen von unsichtbaren Kräften gebeugt bis

zu atemloser Schräge neigt. Die Vertikale seines Körpers,

die die Kugel des Kopfes trug, würde sich nach links nei-

gen, wenn er den linken Fuß, den Unterschenkel, das Knie,

das ganze Bein dem freien Schweben anvertraute und sein

restlicher Körper das Hinauslehnen des linken Beins in die

Schwebe würde ausbalancieren können – in einer leichten,

äußerlich kaum sichtbaren Spannung, die doch durch seinen

Körper ging. Sie würde in das rechte Bein ziehen, um ihm

den Auftrag zu geben, die Last des ganzen Körpers zu tragen, eines Körpers, der noch unbeschwert war und im Bewusstsein seiner Leichtigkeit über Wiesen und Kieselsteine glitt und nachts im Bett wie auf Wolken zu schweben schien und der dennoch nicht unwägbar leicht war, sondern schwerer als Äpfel, vielleicht so schwer wie ein Kartoffelsack, obgleich er sich nicht schwer anfühlte. Ein Körper, der im Pendelschlag zwischen Schwere und Leichtigkeit und ohne Wissen der Gesetze der Schwerkraft durch die Sommertage lief, der unbeschwert die Holztreppe im Haus bewältigt hatte, im sachten Gleiten der linken Hand über das Treppengeländer, und den jetzt die erste Stufe der großen, hinabführenden Treppe, die oberste, die schwarze Stufe, das Tor zu vielen Stufen, daran erinnert hatte, dass er dennoch eine Schwere in sich trug und eine Ahnung, dass diese Schwere niemals aufzuheben sein würde.

Die Spannung glitt in die Spitzen seiner Finger, wie eine

Kunde, die bis an die fernen Ausläufer eines Landes getra-

gen wird. Sie sank in den Trichter all dessen, was auf ihn

einströmte, als enge sich der Trichter ein auf das, was nun

vor ihm lag. Und das, was vor ihm lag, war die zweite Stufe

und die Bewältigung, der Übergang, das Wagnis, von der

ersten Stufe zu der zweiten Stufe zu gelangen, der Sprung

von einem Phänomen des Eins-Seins in ein Phänomen des

Zwei-Seins, wobei die erste Stufe der zweiten ähnlich, aber

doch anders war, da tiefer gelegen und aus einem anderen

Baumsegment geschnitten, und weil sie, anders als die erste

Stufe, die den Beginn der Stufen darstellte, ihn in den Sog

des Abwärtsgehens reißen würde, in dem der zweiten Stufe

eine dritte Stufe folgen würde und dann eine vierte, obgleich

er nicht mit Bestimmtheit hätte sagen können, ob er damals

schon zu zählen vermocht hatte, ob dies überhaupt wich-

tig war, ob es eine Bedeutung hatte, oder ob alle der ersten Stufe folgenden Stufen in ein Meer an Stufen zerfließen

würden, weil es vielleicht noch keine wirkliche Form der

Unterscheidung zwischen eins und nicht eins gab, und weil

vielleicht alles, was mehr als eins war, nur mehr oder weniger

viel war, oder vielleicht höchstens eins oder zwei und dann

mehr oder weniger viel, und weil es eine Sonne gab, einen

Mond, eine Tante, einen Sommer und eine große Reise, die

er bis dahin zurückgelegt hatte, in der die vielen Wolken, die

im Fluss der Zeit geschwommen waren, wieder zu einer gro-

ßen Wolke der Ahnung oder der vergessenen Ahnung ver-

schmolzen und weil es eine Zeit und ein Ich und vielleicht

viele Ichs gab oder viele Ichs hätte geben können und weil

dieses Ich eben so und so lang ein Ich war, wie er noch kein

anderes Ich erlebt hatte, genauso wie es nur einen Mond gab

und nicht viele Monde, weil er noch keinen anderen Mond

gesehen hatte, und viele Sterne, so viele, dass sie nicht zu

zählen waren, und selbst wenn sie zu zählen gewesen wären,

die Zahl ohne große Bedeutung gewesen wäre, weil auch die Zahl der Bäume hinter dem Haus letztlich ohne Bedeutung war oder die Zahl der spielenden Wellen oder die Zahl der Worte, die an einem Tag gesprochen wurden und die Zahl der Stufen, die jetzt vor dem Blick seiner Augen reglos in die Tiefe reichten.

Selbst später, wenn er das Zählen gelernt haben und wissen würde, wie viele Stufen es waren, war es dieser Zahl, diesem Wissen der Exaktheit, nicht gegeben, das Staunen, vor einer großen Zahl schwarzer Stufen zu stehen, jemals auslöschen zu können. Immer wieder, wenn er später an der Schwelle einer hohen Stufe stehen würde, würde der Blick in die Tiefe jene ferne Schwingung der Zahllosigkeit zum Klingen bringen, die über den Rand des Nichtbegreifenkönnens weht wie der Seewind über die Begrenzung des Wassers in die hellen Birkenblätter greift, die am Land stehen.

So war der Schritt von der ersten Stufe zur zweiten nicht nur ein Schritt entlang der Horizontalen und nicht nur ein Schritt entlang der Vertikalen, der seine Wahrnehmungswelt einen Schritt weiter in die Tiefe ziehen, einen Schritt von dem Haus mit seinem schweigenden Dach und der Tomatenscheiben schneidenden Tante entfernen und einen Schritt näher an das Aquamarinblau des Sees heranführen würde.

Es würde auch – und war es schon in dem Moment, als er das linke Bein dem freien Schweben überließ – ein Schritt sein, der durch seinen gesamten Körper zog und in dessen Saiten eine neue Melodie der Spannung, der Verteilung der Gewichte, der Wachsamkeit, der wechselseitigen Bezogenheit zum Schwingen brachte; eine Melodie, die nicht nur seine Beine, seine Hände, seinen Kopf berühren, sondern bis in das Dunkel seines Körperinneren klingen würde, ohne dass er hätte erfassen können, was sich im Inneren seines Körpers abspielte und was es bedeutete. Er verspürte nur eine ferne Ahnung von Wellen, die der Anblick der Stufen wie einen Windhauch durch seinen Körper ziehen ließ. Und diese Wellen hatten sein linkes Bein – es war sein linkes Bein, oder es war zumindest das eine und nicht das andere – schon dazu gebracht, die Berührung des Bodens zu verlassen, um sich weiter als bei vorhergehenden Schritten in die freie Luft zu wagen. Diese Wellen hatten die Spannung in sein rechtes Bein, das andere Bein gesandt, das sich anschickte, die Herausforderung, die Last für die Aufrechterhaltung des ganzen Körpers zu übernehmen. Es war nicht nur das rechte Bein, es war auch der rechte Fuß, der rechte Unterschenkel, das rechte Knie und der rechte Oberschenkel, durch die das Bewusstsein der Herausforderung zog. Es waren die Zehen, die aus den Sandalen schauten, in denen sich das Bewusstsein des Gewichts des Körpers zuspitzte. Waren die Zehen ansonsten sprachlos und wie ferne Feldmarkierungen seines Körpers, waren sie es nun, die den Körper leiteten, um ihm im Wagnis des halben Schwebens, der abfallenden Neigung,

der leichten Rotationen, des Auffangens der Last auf gleiten-

den Kieselsteinen den Halt zu vermitteln. Die Hände waren

hierzu nicht imstande. Ohne Geländer waren sie hilflos und

hatten Angst, sollte er fallen, Abschürfungen zu erleiden

und Blutmarkierungen und schwarze Steinkörner, die sich

auf der Haut wie die schwarzen Gewürzkörner auf der hellen

Käsescheibe abzeichnen würden.

Während sich ihm die Welt hinter ihm, das raschelnde

Blattwerk der Baumkronen, der Steinflur, der Türrahmen,

die Stille im Haus und der vom Wind umspielte Schornstein

langsam entziehen würden, ohne dass er es sehen konnte,

denn seine Augen, die er nicht sehen konnte, öffneten ihm

nur den Blickkegel nach vorn, und während die Wolken noch

höher steigen und das Blau des Sees näherkommen und

wirklicher werden würde, und während sein Körper in einem

Trichter voll Sommerlicht langsam nach unten sinken würde,

und bei der nächsten Stufe noch weiter nach unten und dann noch weiter nach unten, und während die Zahl der vor ihm liegenden Stufen abnehmen und die der hinter ihm liegenden Stufen zunehmen würde und während alle schwarzen Stufen mit den hellen Kieselstreifen wie ein zebragestreiftes Band durch ihn ziehen würden, wie auch die Wolken manchmal durch ihn zu ziehen schienen und das Silber des Mondlichts durch ihn tropfte und die Wellen des Sees durch ihn glitten und ferne Ahnungen und Regungen durch ihn zogen und sich im Schilfwind warmer Küsten wiegten und später, wenn er Hunger haben würde, auch die Scheibe Brot, die Käsescheibe, die Tomatenscheiben, der Zwiebelring und die schwarzen Gewürzkörner durch ihn ziehen würden und vielerlei Stimmen und das Rascheln der Baumkronen im Wind und die Harfenklänge des Sommers und die Klänge vertrauter und ihm fremder Worte, zogen gleichzeitig unsichtbare Fäden durch seinen Körper, die diesen bald über die erste

Stufe geleiten würden, Fäden wie die in der Ferne unsicht-

baren Seile, die das weiße Segel im Wind festhielten und das

Boot vorantrugen.

So würden die Stufen, die seinen Körper im Fließen sich

wandelnder Balance streiften, unter ihm dahingleiten, wäh-

rend die Hände stumm waren und es auch keine anderen

Hände neben ihm gab und er nur in der einen Hand das Per-

gamentpapier mit dem eingehüllten Brot hielt und der Hauch

des Bewusstseins die Zehen berührte, die nicht die Hände

waren und die zu ihm gehörten, obgleich er sie oft nicht

spürte, und die einfach da waren, obgleich dieses Gefühl des

Daseins so schwer zu begreifen war wie die Tante, die eine

Verwandte und jetzt im Haus war, da war und doch nicht da

war und diesen Sommer da war und dann, wenn er abge-

reist war, wieder in den Schalen von Fernsein und Nichtda-

sein verklingen würde und dann später, wenn sie eines Tages

wirklich nicht mehr da sein würde, dennoch blieb und auch

wirklich blieb, wie sie die Tomate schnitt, in feine Scheiben,

als könnte er bald sagen „ich gehe jetzt an den See".

So waren die Stufen der langen, sich in die Tiefe ziehen-

den Treppe, oder Stiege, wie es die Tante nannte, wirklich

und so war die große Stufenreise wirklich und das langsame

Absinken der Empfindungen in den Kelch des Sees, der vor

ihm lag, aber noch getrennt durch die Kette der Stufen und

durch das Gleiten des Körpers, in dem die Stufen die Sinne

in die Zehen gelockt hatten, so wie beim Heraustreten aus

der Umschattung der Baumkronen das Licht seine Augen in

die Fluten des Blaus des Himmels, des Sees und des Hori-

zonts gelockt und ihn in die lichttrinkende Weite der Augen

geführt hatte, bis er einen Augenblick später an der ersten

der schwarzen, schweigenden Stufen stand.

Vielleicht war es noch im gleichen Augenblick, denn wer

vermag zu sagen, wo ein Augenblick beginnt und wo ein

anderer Augenblick die Hand der Gestaltung an sich reißt,

als sich die Stufen in ihrer schwarzen Balkenhaftigkeit vor

ihm entrollten, die Sinne ein leises Zittern durchzog, wie

es gelingen würde, das Gehäuse der Körpers unversehrt,

in dem Verlassen des Zurückliegenden und im Herantreten

an die vor ihm liegende Tiefe, an sein Reiseziel zu bringen

und im Sinken der Stufen auch sein Bewusstsein, das bis

dahin in seinen Augen geschwebt war, in die Ferne seiner

Zehen tauchen zu lassen, denn ohne ihr tastendes Suchen

und Erspüren von Halt angesichts der Haltlosigkeit der Luft,

klirrender Kieselsteine, schwarzer Stufenkanten und leichter

Vorsprünge, die aus der Treppe abstachen, würde das Errei-

chen des Reiseziels nicht gelingen.

Gewiss würde es nicht lang dauern, bis er all die Stu-

fen, die sich vor seinem Auge hinzogen, überwunden haben

würde. Es würde keine Tagesreise sein wie die seltenen Rei-

sen in die Stadt. Es würde ein Gang sein, der in scheinbar

monotonem Rhythmus dahinzog, eine Stufe nach der anderen, wie das Zugfahren über namenlose Gleisschwellen.

Doch war es, als der linke Fuß, die Sandalenspitze des linken Fußes, mit den erwartungsvoll gespannten Zehen schon fast die Kuppe der ersten Kieselsteine berührt hatte, als begänne die Ouvertüre eines Gesangs, angstvoll gespannt beim Anblick der Tiefe, der schwarzen Stufengalerie, hinter deren Vorhang das Grinsen der Schwerkraft lauerte, begleitet vom Gedanken an das Verlassen des Hauses und der Tante, die vielleicht gerade Karotten schälte und an ferne Orte dachte, eines Gesangs, der langsam in seinem Körper aufstieg, als die Sandalen die Rundung der Kieselsteine der zweiten Stufe berührt hatten und bald den ganzen Körper verlocken würden, sich ihrem Tritt anzuvertrauen und das andere Bein zu ermutigen, den Schritt in Richtung der nächsten Stufe zu wagen.

Während er noch einen Moment wie gefangen in der

Waage der Balance zwischen der ersten und der zweiten

Stufe innehielt und die Angst immer noch die durch seinen

Körper ziehenden Fäden spannte und er das Pergamentpa-

pier noch fester in seiner Hand umklammerte, als er es sonst

tat, näherte sich der Gesang, der am Himmel der inneren

Empfindungen wie eine zarte Wolke aufstieg, schwebend in

Tönen, die so leise und sanft waren, dass sie seine Stimme

nicht zum Klingen hätten bringen können, aber die dennoch

wirklich waren, auch wenn sie ihm damals kaum hörbar, nur

als ein rosenbedachter Aufwind zu fühlen waren, der die

Küsten seines Bewusstseins bestrich und ihm, seinen Zehen,

seinen Beinen, seinen Händen, seinen Armen, dem in ein

verschwimmendes Bewusstsein gehüllten Formen seines

Körpers den Anstoß gab, weiterzugehen, weiter abwärts,

noch eine weitere Stufe und dann noch eine weitere Stufe in

die Tiefe und mit jeder Stufe die Tante, die vielleicht schon die ersten Karottenflocken geschnipselt hatte, und das Haus mit dem sommerstillen Schornstein und die lauschende Waldgrenze hinter sich sich zurückziehen und den Himmel und die Wolkenweide ein Stückchen weiter wandern zu lassen, um mit jeder Stufe tiefer zu steigen und dennoch im Absteigen von dem Gesang getragen zu werden, der so still war wie das Raunen der Wolken, wie die Mondscheinsonate, wie so viele Melodien, die leise über die Kornfelder des Bewusstseins zogen.

Es gab keine Hand, die ihn so über die Stufen begleitete, wie in Märchen Prinzessinnen an goldenen Händen geleitet werden, und es gab keinen Vogel Greif mit weiten, samtbetuchten Schwingen, dessen Gefieder tröstend rauschte. Es gab keine Baumkronen, die ihm mit ihrem Astwerk dort Halt geboten hätten, wo sich die schwarzen Stufen ohne Geländer in die Tiefe zogen. Es gab keine Tante in der Nähe, da sie oben im Haus Karotten schabte. Es gab niemanden, auch weil er gesagt hatte „ich gehe an den See" oder „ich möchte

an den See gehen" oder „ich will an den See gehen" oder

„ich werde an den See gehen", weil jeder dieser Sätze ein

Ich beinhaltete, das allein zum See gehen wollte, in einem

verschwommenen Bewusstsein der Stufen und des Spiegels

des Alleinseins und so war die Angst vor den Stufen aus dem

Licht des Sommertags in sein Bewusstseins geschwemmt

worden, als er auf der ersten Stufe gestanden hatte.

Jetzt, nachdem er die Schwelle der ersten Stufe über-

schritten und die linke Sandale schon eine Vertrautheit auf

den Kieselsteinen der zweiten Stufe gefunden hatte, war der

ferne Aufwind des Gesangs gekommen, noch ganz verhüllt

in eine Ahnung und doch schon in seiner Anmut wirksam

wie ein unsichtbarer Wind, der auf der Weite des Sees ein

weißes, zierliches Segel vorwärts haucht, und so atmete die-

ser Aufwind an Gesang, der aus den sandfarbenen Sandalen

aufgestiegen war und vielleicht von noch viel tiefer und vielleicht von unermesslich tief und vielleicht vom Mittelpunkt der Welt kam, vielleicht von fern und vielleicht von noch ferner als der Horizont und vielleicht aus sehr alten Zeiten und vielleicht aus Zeiten, wo die Erde noch nicht laufen und nicht sprechen konnte und noch ohne Stufen war und sich nur drehte und nur ein einziges Spiel war und so war, wie sie war, und sich einfach so, wie sie war, in den Winden der Gezeiten und Gestirne drehte, ja, vielleicht kam dieser Gesang aus solch fernen Zeiten.

Vielleicht war er so unhörbar und vielleicht daher so fremd und doch so nah. Und vielleicht hatte der Gesang keine Angst vor Stufen, vielleicht kletterte er ohne Angst hoch bis in die Wolken und fiel bis in die tiefsten Meere und vielleicht floss er zwischen Himmel und Erde und brauchte sich vor der Schwerkraft, die in den Stufenritzen lauerte, nicht zu fürchten und brachte sie mit seinem Gesang sogar zu einem Lächeln.

Vielleicht wusste er, dass die Stufen, so viele es auch waren, einmal aufhören würden, und dass dann ein Eisentor kommen würde und danach eine schmale Uferstraße, auf der sehr selten ein Fahrzeug fuhr, und dass jenseits der Uferstraße die Uferbäume standen und, leicht nach links versetzt, der Steg war, der seinen Arm bis in das tiefe Wasser streckte, und rechts das Bootshaus, gegen das die Wellen des Sees in nie ermüdendem Rhythmus schlugen.

Vielleicht spürte der Gesang, der in ihm aufstieg, dass das Ziel nun nicht mehr weit war, dass er es erreichen würde und dass er das Haus, das oben am Hügel lag, und die Tante, die Frau, die seine Verwandte war, unter dem Dachstuhl nahe den Baumkronen zurücklassen würde und auch die Bäume oben neben dem Haus, die ihn zum Verweilen eingeladen hatten. Und doch klang in ihm der Gesang, der wie aus der Ferne, doch in ihm, aus diesem rätselhaften Kelch seines Ichs wie ein Wölkchen aus der Schale des Himmels entsprungen war. Und so sang ihm dieser Gesang, dass er allein war, aber

dass in ihm dieser Gesang war, der ihn leiten würde, ihn an

der Hand nehmen, ihn auch ohne Vogel Greif, ohne Gelän-

der, über die Stufen zu seinem Reiseziel bringen und seinen

Wunsch erfüllen würde, an den See zu gehen.

So würde er die nächste Stufe hinabgehen und dann noch

eine Stufe und dann noch eine. Er würde die Angst besingen

und das Verlassen des Hauses mit jeder Stufe tiefer in eine

Muschel der Tröstung sinken und mit jeder Stufe die blaue

Verlockung des Sees in hellerem Glockenton schwingen las-

sen und mit jeder Stufe dieses Ichs, das gesagt hatte „ich

gehe an den See" oder „ich will an den See gehen" der Leich-

tigkeit und der Anmut der Lichts öffnen, dem unendlichen

Spiel des schillernden Wassers und der weißen Wellen, dem

Verschwimmen von Himmel und Horizont, dem Trinken im

Lichtwind und dem Schweben in Wolken, die aus der Ferne

aufgetaucht waren und die nach der Überwindung der Stufen wieder so unbeschwert dahinglitten, über seine Füße,

Hände und Augen, als hätte es die Stufen nie gegeben.

VI

Dann würde er später im Licht des Sommertags zu seinem Pergamentpapier greifen, es vorsichtig öffnen, die

Scheibe Brot essen und vielleicht an die Tante und das Haus

denken, das hoch auf dem Hügel stand, nah und doch fern,

versteckt hinter den Blättern der Uferbäume, während sein

Blick weit und frei und im Licht über den blauen See glitt, um

am Horizont im Blau der Unendlichkeit und den Klängen des

Gesangs zu verschwimmen.

DANK

Ich danke Susanne Kraft für die hohe Kompetenz, wache Sensibilität und wertvollen Anregungen, die sie diesem Text zukommen ließ, und ich danke Uwe Kohlhammer für die ideenreiche Kunstfertigkeit, dem Layout dieses Textes das Flair stimmungsvoller, visueller Ästhetik zu verleihen. Peter Mittmann danke ich für die Liebenswürdigkeit, mir sein wunderschönes Foto für das Cover des Buches zu überlassen.

BÜCHER VON HILDEGUND HEINL UND PETER HEINL

IM THINKAEON VERLAG

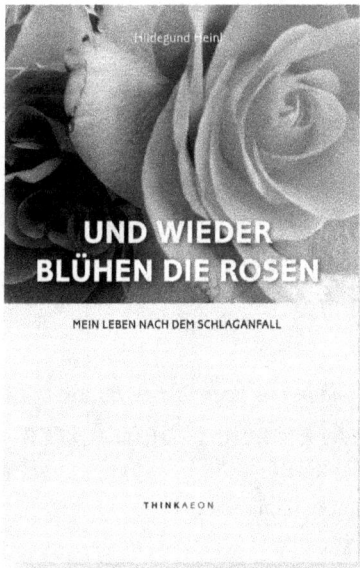

Neu erschienen als Buch und als EBook

**UND WIEDER
BLÜHEN DIE ROSEN**

Mein Leben nach dem Schlaganfall

Erstmals erschienen bei Kösel, München, 2001

Heinl, H.: Thinkaeon, London, 2015
(Neuauflage)

Erhältlich über www.Amazon.de

Peter Heinl

›Maikäfer flieg, dein Vater ist im Krieg ...‹

Seelische Wunden aus der Kriegskindheit

„MAIKÄFER FLIEG, DEIN VATER IST IM KRIEG ..."

Seelische Wunden aus der Kriegskindheit

Heinl, P.: Kösel, München, 1994, (8. Auflage)

Peter Heinl

»MAIKÄFER FLIEG, DEIN VATER IST IM KRIEG«

SEELISCHE WUNDEN AUS DER KRIEGSKINDHEIT

THINKAEON

Neu erschienen als Buch und als EBook

„MAIKÄFER FLIEG, DEIN VATER IST IM KRIEG ..."

Seelische Wunden aus der Kriegskindheit

Erstmals erschienen bei Kösel, München, 1994

Heinl, P.: Thinkaeon, London, 2015

Erhältlich über www.Amazon.de

KÖRPERSCHMERZ-SEELENSCHMERZ

Die Psychosomatik des Bewegungssystems
Ein Leitfaden

Heinl, H. und Heinl. P.: Kösel, München 2004
(6. Auflage)

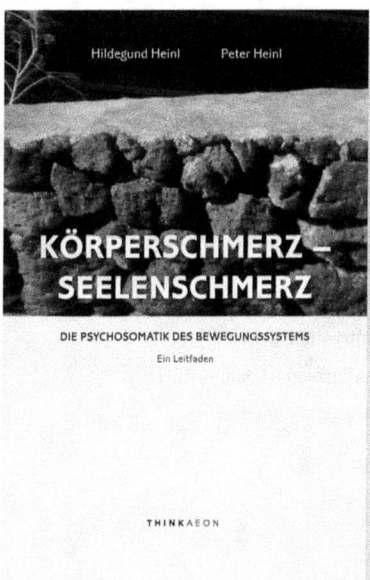

Neu erschienen als Buch und als EBook

KÖRPERSCHMERZ-SEELENSCHMERZ

Die Psychosomatik des Bewegungssystems
Ein Leitfaden

Erstmals erschienen bei Kösel, München, 2004

Heinl, H. und Heinl. P.: Thinkaeon, London, 2015
(Neuauflage)

Erhältlich über www.Amazon.de

Neu erschienen als Buch und als EBook

LICHT IN DEN OZEAN DES UNBEWUSSTEN

Vom intuitiven Denken zur Intuitiven Diagnostik
Ein Leitfaden in den Denkraum

Heinl, P.: Thinkaeon, London, 2014

Erhältlich über www.Amazon.de

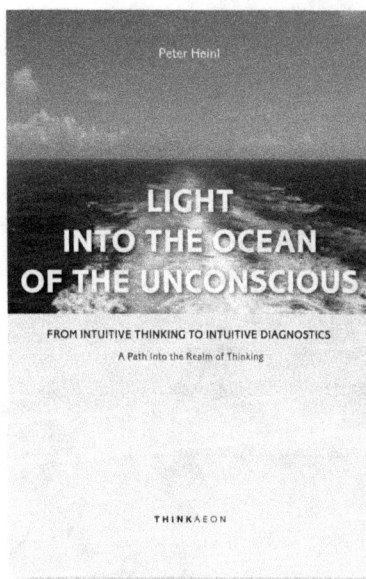

Soon available

LIGHT INTO THE OCEAN OF THE UNCONSCIOUS

From Intuitive Thinking to Intuitive Diagnostics
A Path into the Realm of Thinking

Heinl, P.: Thinkaeon, London, 2017

Soon available via Amazon

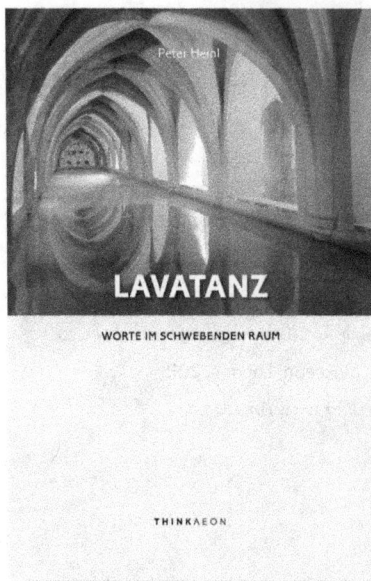

Peter Heinl

LAVATANZ

WORTE IM SCHWEBENDEN RAUM

THINKAEON

Neu erschienen als Buch und als EBook

LAVATANZ

Worte im schwebenden Raum

Heinl, P.: Thinkaeon, London, 2016

Erhältlich über www.Amazon.de

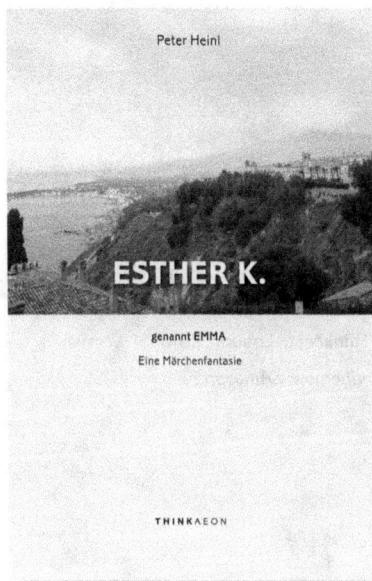

Peter Heinl

ESTHER K.

genannt EMMA

Eine Märchenfantasie

THINKAEON

Neu erschienen als Buch und als EBook

ESTHER K.
GENANNT EMMA

Eine Märchenfantasie

Heinl, P.: Thinkaeon, London, 2016

Erhältlich über www.Amazon.de

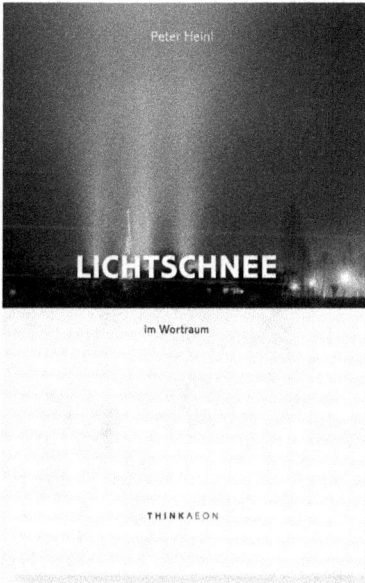

Neu erschienen als Buch und als EBook

LICHTSCHNEE
im Wortraum

Heinl, P.: Thinkaeon, London, 2016
Erhältlich über www.Amazon.de

Neu erschienen als Buch und als EBook

DIE TAGE AM WORTSEE
Roman

Heinl, P.: Thinkaeon, London, 2016
Erhältlich über www.Amazon.de

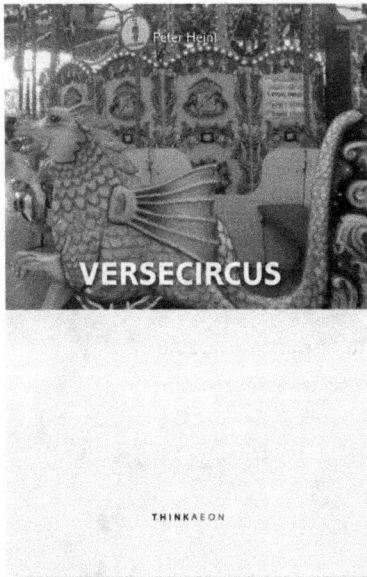

Neu erschienen als Buch und als EBook

VERSECIRCUS

Heinl, P.: Thinkaeon, London, 2016

Erhältlich über www.Amazon.de

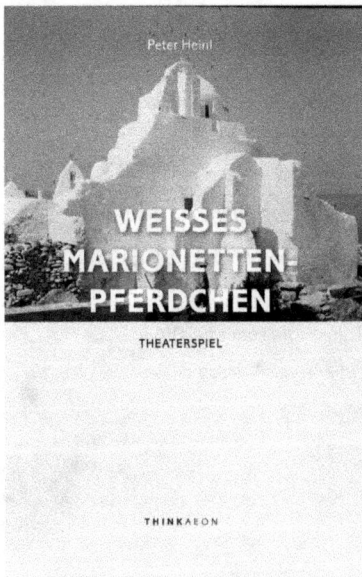

Neu erschienen als Buch und als EBook

**WEISSES
MARIONETTENPFERDCHEN**

Theaterspiel

Heinl, P.: Thinkaeon, London, 2017

Erhältlich über www.Amazon.de

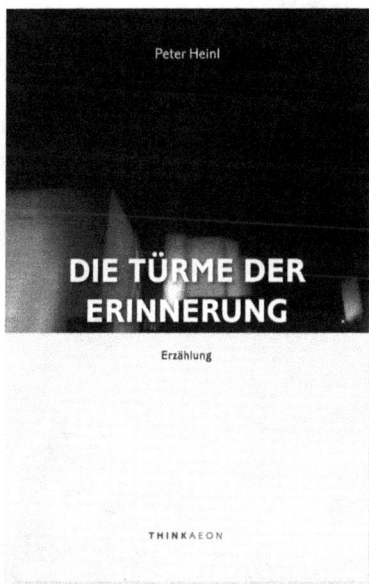

Neu erschienen als Buch und als EBook

DIE TÜRME DER ERINNERUNG
Erzählung

Heinl, P.: Thinkaeon, London, 2017
Erhältlich über www.Amazon.de

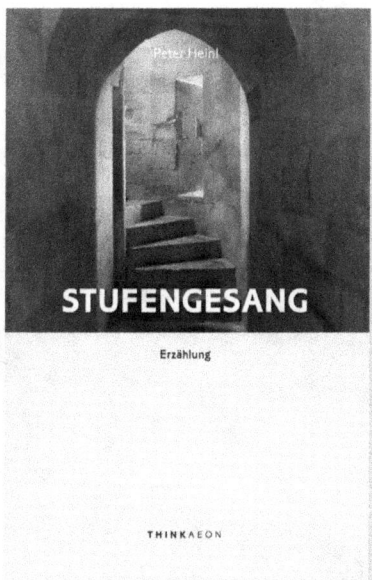

Neu erschienen als Buch und als EBook

STUFENGESANG
Erzählung

Heinl, P.: Thinkaeon, London, 2017
Erhältlich über www.Amazon.de

www.ingramcontent.com/pod-product-compliance
Lightning Source LLC
Chambersburg PA
CBHW052141270326
41930CB00012B/2973